Tach zusammen

Tach zusammen

Geschichten
von
Hanns Dieter Hüsch
und
Niederrhein-Bilder
von
Norbert Schinner

Mercator-Verlag

Inhalt

Frühling	5
Wie	6
Niederrheinische Angewohnheit	7
Wen ich all kenn	10
Hochwasser	12
FRÜHLINGSBILDER	13 – 36
Sommer	37
Aber leben möcht ich da nicht	38
Niederrheinische Unterhaltung	40
Eventueller Geburtstag	42
SOMMERBILDER	45 – 68
Herbst	69
Niederrheinische Themen	71
Niederrheinische Fragen	73
Wie möchten Sie beerdigt werden?	74
Manchmal	76
HERBSTBILDER	77 – 100
Wie ich Ditz Atrops kennlernte	101
Heiligabend am Niederrhein	105
WINTERBILDER	109 – 124

2. Auflage 1994

Verlag Fachtechnik + Mercator-Verlag, Duisburg
ISBN 3-87463-209-1

Frühling

Also, ehrlich gesagt, als Kind hab ich eigentlich nicht viel vom Frühling gemerkt. Der war einfach da. Und dann hat mein Vater immer gesungen: Winterstrümpfe wichen dem Wonnemond, denn er war ja son Wagner-Anhänger. Wo der ging und stand, da lief der von Moers nach Duisburg inne Tonhalle und hörte sich Musik an. Aber hauptsächlich Wagner. Also der Fliegende Holländer und dann der Ritter mit dem Schwan im Kahn, aber ob das im Frühling bei meinem Vater am schlimmsten war, dat weiß ich nicht mehr.

Jedenfalls sonntags fuhren wir dann schon mal nach de Leyenburg oder wie dat Ding hieß, da gab et dann immer Sackhüpfen und Eierlaufen auf son Löffel, un Kaffee und Kuchen.

Und da war auch son Karussel, dat mußte man selbst anschieben, un dann schnell draufspringen. Die meisten Kinder haben sich dann immer übergeben, obwohl wir fast alle einen Kieler Matrosenanzug anhatten, denn sonntags wurde man ja immer fein gemacht und kriegte auch mehrere saubere Taschentücher und ein Eis. Erdbeer, Schokolade und Vanille, wat anderes gab et ja damals noch nicht. Aber das war alles im Frühling. Es war ja dann abends auch länger hell und manchmal durften wir auch länger aufbleiben, und dann lagen wir immer im Fenster und haben uns geheimnisvolle Wörter zugerufen. Und man konnte ja auch am Tag richtig sehen, wie alles wieder ganz grün wurde, und in der Schule mußten wir dann immer einen Aufsatz schreiben: Was hat der Mensch alles dem Frühling zu verdanken? Oder so ähnlich. Und da hab ich immer völlig versagt. Ich mein, Frühling is Frühling, dat merkt doch jedes Kind.

Wat soll ich da noch groß drüber schreiben. Und dann hat mein Vater immer gesagt: Dann schreibsse eben, jetzt wird alles wieder zu neuem Leben erweckt, selbst am Niederrhein, wo die Erde wie eine flache Scheibe aussieht, wird die Erde wieder eine runde Kugel, und aus den schwarz-weißen Kühen werden manchmal braun-weiße, und die Kopfweiden gehen plötzlich am Rhein spazieren, als wenn das gar nix wär, und die spitzen Kirchtürme die werden noch spitzer. Dat schreibsse mal alles hin, mal gucken wat der Lehrer sagt. Am Niederrhein ist der Frühling zu Hause. Jedes Jahr kommt er um diese Zeit extra hier vorbei, um von vorne anzufangen.

Denn am Niederrhein fühlt sich der Frühling am wohlsten. Schreibsse mal. Dat kann ich doch nicht schreiben, hab ich dann immer gesagt, doch dat kannze alles ruhig schreiben, hat mein Vater gesagt. Der Frühling kommt zuerst an der Niederrhein und dann erst geht er in die anderen Gegenden, warum weiß ich auch nicht, aber dat is so, hat mein Vater gesagt. Un wenn der Lehrer sagt, dat wär dummes Zeug, dann sachsse mal, er sollt mal bei mir vorbeikommen, ich würd ihm dat schon erklären, denn Wissen und Wissen, hat mein Vater gesagt, dat ist ein gewaltiger Unterschied, besonders am Niederrhein. Und besonders im Frühling.Tach zusammen.

Wie

Wir niederrheinischen Menschen sind ja oft von einem…
Wie soll ich sagen
Von einem sturen Unglauben
Bis wir mal wat glauben dat dauert furchtbar lang
Aber et kann natürlich auch sein
Daß wir alles schon ahnen
Und et dann aber nich glauben wollen
Weil et so schlimm is im Leben
Meistens
Wommasosagen: Wenn uns wat nich in de Kram paßt
Glauben wir et einfach nich
Dat nennen die Psychologen ja verdrängen
Un wir Niederrheiner sind ja Chefverdränger
Ich sage Ihnen
Wat am Niederrhein nich alles jeden Tag verdrängt wird
Dat paßt in keine Talsperre
Weil et is manchmal zuviel für unsereinen im Leben
Wie gesagt
Un dann is ma ja auch de Tragödienkram langsam leid
Und dann will man nix mehr hören un nix mehr sehen
Also ein Ohr ein ander Ohr raus
Un damit man dann aber nich ganz unhöflich is
Also sagen wer mal doch Anteil nimmt am Geschehen
Benutzt der Niederrheiner oft mit gespieltem Interesse
Das kleine Wörtchen: WIE
Wie zum Beispiel: Dat Fahrrad is kaputt
Wie kaputt
Ja Kette gerissen
Wie Kette gerissen
Weiss ich auch nich
Wie weiß ich auch nich
Dann sieh ma zu wie de dat Ding wieder in Ordnung kriss
Das war jetzt nur mal son Beispiel
Oder aber wenn et ernster is da geht es dann oft so
De Gerd is krank
Wie krank
Ja wie weiss ich auch nich
De is krank de liegt jedenfalls
Wie de liegt
Ja de liegt weil er krank is
Wo denn
Zu Hause liegt de
Wie de liegt zu Haus warum denn nich im Krankenhaus
Weiß ich doch auch nich
Ja wat soll denn dat heißen
Er hätte son komisch Gefühl gehabt
Wie son komisch Gefühl
Sagt Mathilde
Die hat doch keine Ahnung
Er liegt jedenfalls
Der hat sich bestimmt den Magen verdorben
Wie den Magen von wat denn
Is doch alles vergiftet heut
Da müßt unsereiner ja auch ständig krank sein
Er hätt son komisch Gefühl gehabt und sich was hingelegt
Jedenfalls is da was nich in Ordnung
Wie nich in Ordnung
Ja also vom Magen her

Ja un wat tut er dagegen
Umschläge
Wie Umschläge
Ja so heiße Umschläge
Un dat soll gut sein
Ja so heiße Umschläge gegen die Krämpfe
Wie Krämpfe dat hör ich ja jetzt zum erstenmal Krämpfe
Ja weiß ich auch nich
Jedenfalls von Zeit zu Zeit kommen die dann
So Stiche
Wie Stiche
Ja so Krämpfe die gehen dann wieder weg
Un dafür dann die Umschläge kochendheiß
Wie kochend heiß
Ja damit de Krampf sich löst
Wie de Krampf sich löst
Ja de Krampf de löst sich dann
Wie weiß ich auch nich
Du weißt doch nie wat wat weißt du denn schon
Ich bin ja kein Arzt ne
Ja ich ja auch nich is de denn schon dagewesen
Wer
De Arzt
Wahrscheinlich nich
Wie wahrscheinlich nich
Mathilde hat jedenfalls nix davon gesagt
Die hat doch sowieso keine Ahnung
Wie lang will de denn liegen bleiben
Kommt drauf an
Wie kommt drauf an
Dann is also de Skatabend im Eimer
Wie im Eimer
Ja de Skatabend
Wir wollten doch heut Abend Skat spielen
Dat is doch jetzt nich so wichtig
Wie nich wichtig
Dienstagabend wird Skat gespielt
Aber de Gerd is doch krank
Wie krank so krank möcht ich auch mal sein
Wenn de ma krank is Hauptsache
Tach zusammen

Niederrheinische Angewohnheit

Wissen Sie eigentlich wat ich auf en Tod
Auch nicht ausstehen kann
Wenn unangemeldet Besuch kommt
Dem man auch noch sofort ansieht
Daß man ihn kaum noch aussem Haus kriegt
Dat is auch so eine niederrheinische Angewohnheit
Bloß nur mal eben vorbeigucken
Um dann nach einem Jahr erst wieder zu gehen
Mit dem Vorbeigucken da ham se et sowieso
Alle Nas lang
Wenn ich in die Nähe
Meiner alten Heimatstadt Moers komm
Heißet immer sofort
Kannz doch mal auf en Sprung vorbeikommen
Und ich versuch dann immer denen klar zu machen

Daß das technisch unmöglich ist
Ich bin ja kein Känguruh
Und ich will ja auch nicht vorbeikommen
Sondern reinkommen
Ich will ja nicht vorbeispringen
Sondern einen Besuch machen
Inzwischen halt ich das schon manchmal
Für die liebenswürdige Formulierung
Einer indirekten Absage
Ich mein das kommt sicher nicht nur am Niederrhein vor
Das mit dem Vorbeigucken um dann nach einem Jahr erst
Wieder zu gehen
Aber da hab ich das erlebt
Daher weiß ich das:
Et klingelt
Man machte Tür auf
Und da stehen dann zwei bis drei Verwandte
Und erst weiß man gar nicht wohin damit
Bis dann einer von denen sagt:
Ich bin de Bruder
Von Onkel Hans von Dein Tante Gretchen
Aus Meiderich
Und dat is mein Frau
Un mein Schwager Hein Mevissen aus Hochheide
Früher Scherpenberg
Wir haben uns bei de Beerdigung von Dein Mutter
Kennengelernt
Da warsse aber noch son Dötzken
Wir sagen immer wenn wir Dich im Fernsehen sehen
Dat is de kleine Jung von Adele Sonnen
Un jetzt bisse schon so bekannt

Un da hamwer uns gesagt ma gucken ob de einfache Leut
Noch kennt
Wir wollten ja erst eigentlich heute nach Mülheim-Ruhr
Zu Tante Sofie und Onkel Eberhard
Weil die sind ja jetzt auch schon ziemlich klapperig
Beide
Und wer weiß ob man sich nochmal sieht
Dat geht ja manchmal schnell heut
Dat weißt Du ja auch
Da wollten wer erst heute eigentlich hin
Aber dat können wer ja morgen oder übermorgen
Auch noch machen
Und da wer grad hier in der Nähe waren
Hab ich gesagt
Komm lass uns doch mal da vorbeigucken
En Tass Kaffee wird er ja wohl für uns noch übrig haben
Jetzt wo er so oft im Fernsehen ist
Und die Hotels kennen wir hier ja auch weniger
Wir wollten ja bei Tante Hedwig und Onkel Ernst
In Orsoy übernachten
Wir wollten so gern mal sehen ob das Alte Fährhaus

Noch steht
Aber die sind zur Kur nach Bad Neuenahr
Nachdem ja der einzige Sohn der Heinzi voriges Jahr
Noch an Tuberkolose gestorben ist
Der war ja Diplom-Ingenieur zuletzt noch
Die hatten ja ganz früher in Kaldenhausen
Ein Gemüsegeschäft
Ich weiß nicht ob du das noch weißt
Wenn dein Mutter noch leben würd die wüßt dat alles noch
Dein Mutter war ja auch son Verrückte
Genau wie Du
Die wollte doch immer mit son Kutsche über Land fahren
Wir wohnen ja nicht mehr in Meiderich
Wir wohnen jetzt in Hamborn
In dem großen Haus von Minchen Mombour
Der Vater war doch lange Zeit bei de Straßenbahn
Unser Gepäck können wer ja im Auto lassen
Wir fahren ja morgen erst weiter
Erst noch nach Friemersheim
Ma gucken wiet da inzwischen aussieht
Eventuell treffen wer da Heinz und Hildegard
Die haben ja jetzt son schönes großes Haus
Direkt neben ihrer Drogerie
Und wenn wer da nicht bleiben können
Würden wer vielleicht nochmal zurückkommen
Und erst übermorgen nach Mülheim fahren
Wir müßten ja auch noch wat
Für Tante Sofie und Onkel Eberhard
Einkaufen zum Mitbringen
Wenn das geht
Tja öh sag ich
Naja dann kommt erstmal rein
Ist hier unten ein Klo
Dann müssen wir halt mal sehen
Aber wirklich nur wenn es geht
Naja jetzt mach ich erstmal en Kaffee
Aber bitte wirklich nur wenn es geht
Es wird schon gehen sag ich
Es ist immer noch alles gegangen
Gegangen sind se erst nach vierzehn Tagen
Und wollen Weihnachten wiederkommen.

Wen ich all kenn

Wissen Se, wen ich neulich getroffen hab
Den Hermann Haubruck
Und zwar nicht der von den Haubrucks
Mit denen ich ja zusammen immer mal
In de Lüneburger Heide wollte
Weil ich ja das Erikablümchen nochmal so gern
Im Original sehen möcht
Bevor es ausgestorben ist
Also der Hermann Haubruck
Die hatten doch das große Fahrradgeschäft
Un Spielwaren
Hatten die früher auch
Und sein Frau ist doch die geborne Handick
Von Peter Handick die Schwester
De kennen se doch auch de Peter Handick
De is doch beim Bauamt son hohes Tier
Un leitet doch auch
Den Beamtenkegelclub
De kennen se bestimmt
Son großer Netter
De Vater war ja doch Ingenieur bei Stinnes lange Zeit
Fünf Kinder un der Peter war der Jüngste
Hat selbst auch schon drei Kinder
Un sein Frau, die Mathilde, ist ja eine geborene
Vandertzwach aus Rheinkamp
Die ganz früher doch die Friedhofsgärtnerei hatten
Direkt an der Durchgangsstraße
Da wo der Architekt Baumann früher gewohnt hat
Genau da
Die haben ja beide Kinder im Krieg verloren, die Baumanns
Un sind dann später ja wie soll ich sagen also
Die wollten da nicht mehr wohnen wegen der Erinnerung
Da wohnt jetzt de Lehrer Brinkmann
Vielmehr sein Sohn
Ja, das ist jetzt auch schon de Sohn
Von Hein Brinkmann aus de Scherpenbergerstrass
De Jakob Brinkmann
Un die hatten doch früher zuerst
Son kleines Lebensmittelgeschäft
Also klein womma sagen nicht besonders groß
Un die haben das ja alles immer zu zweit gemacht
Also mit seinem Bruder de Ernst Brinkmann
Un die hatten ja auch beide zwei Schwestern zur Frau
Die Elisabeth und die Margarete Tendick
Un sind dann später inde Hombergerstraße gezogen
Mit dem ganzen Gemüsegeschäft sind die dann
Haben sich also enorm vergrößert ne
Bis de Ernst dann diese Lebergeschichte bekam
Und da wurde de ja immer weniger
Das konnte man ja regelrecht von Tach zu Tach beobachten
Un da hat de Hein das alleine ja weitergemacht
Weiß ich noch genau
Denn die waren ja alle wahnsinnig fleißig un tüchtig
Die ganzen Brinkmanns Kinder
Die hatten glaub ich acht Stück
Also ich will mich dafür nicht verbürgen
Aber sieben waren es bestimmt sieben
Ich bin ja mit dem Willi Brinkmann

Bin ich ja inne Tanzstunde gewesen
Hamwer viel Spaß gehabt damals
Der is ja später dann nach Kanada gegangen
Der konnt et nirgendwo lang aushalten
Erst war er ja auf de Waggonfabrik in Uerdingen
Da hatte ihn sein Schwager untergebracht
De kennen se auch
Wie hieß de doch nochmal
Der hatte sone kleine aparte Frau
Die sah damals schon richtig thailändisch aus
Gerd Wefels hieß der
Heißt de heut natürlich auch noch
Wenn er noch lebt
Ich weiß et nich
Ja und dann is de Willi Brinkmann
Der hat dann noch ne zeitlang die Hefe ausgefahren
Für die Bacco
Und dann war er abwechselnd Bademeister im Sommer
Un im Winter hat er bei uns im Keller et Gas abgelesen
Un is dann einfach nach Kanada, glaub ich
Oder Alaska kann auch sein
Alaska dat säh dem ähnlich
Mit de Goldgräber da oben dummes Zeug machen
Vielleicht isser aber auch schon tot
Sein Freundin war ja damals die Hannelore Hüsken
Vonne Römerstrass
Hübsches Mädchen
Die hat sich aber dann wohl doch abgewandt
Als er nach Alaska ging
Und is jetzt mit einem Zahnarzt verheiratet
In Duisburg-Hamborn

Ich hab se noch dieser Tage getroffen
Un da sagt se noch wie die Zeit vergeht ne
Wat war et doch früher so schön sagt se noch
Un hat mir dann ihren jetzigen Mann noch vorgestellt
Sehr nett Zahnarzt
Und se sagte noch also wenn du nicht weißt
Wohin mit deinen Zähnen
Kommsse ma zu uns
Sagt se noch so
Tja, wat wollt ich Ihnen eigentlich erzählen
Achso ja, dat ich furchtbar viel Leut kenne
Un die kennen auch all furchtbar viel Leut
Und die furchtbar vielen Leute kennen auch wieder alle
Furchtbar viele Leute
Und alle zusammen erzählen mir immer
In drei Minuten ihr ganzes
Leben
Wo soll ich dat bloß alles unterbringen?

Hochwasser

Durch den kleinen Garten
In dem meine Omma
Immer nach den Tomaten und Stachelbeeren
Guckte
Kam immer de Rhein
Wenn er mal wieder größenwahnsinnig wurde
Hat mein Vater immer erzählt
Der Rhein kam dann von ganz weit hinten
Über die Felder
Durch den Garten
Fiel dann über die Tomaten und Stachelbeeren her
Und kam dann ganz langsam int Haus
Stieg dann bis unters Dach
Blieb ein bis zwei Wochen
Und alle mußten sehen wie sie unterkommen konnten
In der Zeit wurde viel „Wat Willze machen“ gesagt
Und dann ging der Rhein wieder
Der so viel besungene hochverehrte und hochgelobte
Vater Rhein
Der sich durch nichts aufhalten ließ
Alles anknabberte und aufweichte
Aufweichte und anknabberte
Sich seelenruhig mit seiner maßlosen Oberfläche
Überall einnistete
Häuser und Gärten ruinierte
Und die Menschen obendrein
Denn die mußten ja all wieder von vorn anfangen
Wat willze machen
Wer in seinem Leben mit viel Wasser zu tun hat
Der weiß das ja alles
Und wird ein gelassener Mensch
Hat mein Vater immer erzählt.

Im Frühling

An der Tüschenbroicher Mühle

Zum Räuchern vorbereitet

Freilichtmuseum Dorenburg in Grefrath

Gut Niershoff bei Grefrath

Schloß Myllendonk bei Mönchengladbach

Fachwerk in Korschenbroich

Moerser New Jazz Festival

Flachsmarkt in Krefeld-Linn

Die Friemersheimer Dorfkirche in Duisburg-Rheinhausen

Egelsberg-Windmühle in Krefeld-Traar

Im Moerser Schloßpark

Das Moerser Schloß

Kempen, Schulstraße

Barocke Gartenanlage von Kloster Kamp

Am Haus Caen bei Straelen

Nebengebäude von Haus Caen

Spargelernte in Geldern-Walbeck

Idyllisches Wachtendonk

Portugiesen aus dem Ruhrgebiet im Wallfahrtsort Kevelaer

Die Gnadenkapelle in Kevelaer

Wassersport auf der Niers bei Goch

Radwandern an der Niers

Kahnsteg an der Tüschenbroicher Mühle

Sommer

Im Sommer lagen wir Kinder ja meistens von morgens bis abends inne Badeanstalt rum, und mein Vater hat dann immer gesagt, weiß ich noch ganz genau, also, Kinder, paßt schön auf, wenn ihr da so rumtollt, denn zehn Diakonissen töten schon ein Pferd, hat er immer gesagt, viel Spaß. Aber paßt en bissken auf, da genügen vielleicht für den Menschen schon zwei bis drei Diakonissen, hat mein Vater immer gesagt, obwohl ich ja ehrlich sagen muß, ich weiß bis heute nicht den genauen Unterschied zwischen Bienen, Wespen, Hummeln und Diakonissen. Die einen stechen und sterben nicht, die anderen sterben und haben noch nie gestochen. Einige haben ein Taille, andere wieder nicht, also ich weiß es auch nicht genau, wie dat alles in der Natur zugeht. Aber die Natur ist im Sommer am Niederrhein wunderbar, und dat kommt genau daher, weil da nix los ist und doch alles los ist. Man muß nur richtig hingucken, sag ich immer.

Es gibt doch auch so Menschen, deren Schönheit sieht man erst, wenn man länger hinguckt, ne, dann sagt man plötzlich, Donnerwetter, das hätt ich nicht gedacht, und so ist das auch am Niederrhein.

Plötzlich spürt man die Feinheit der Landschaft, oder sagen wir mal die Schlichtheit, denn da ist ja kein wildes Gebirge und kein tiefer dunkler Wald, und es wimmelt auch nicht von stürmischen Seen. Aber es liegt Romantik in der Luft. Das flache Land hat so was Verlorenes, als wenn da vor tausend Jahren ein Prinz verschollen gegangen wär, und wenn dann im Sommer die Sonne strahlt, dann merkt man, daß das alte Märchen noch nicht zu Ende ist, und in den kleinen Städtchen sehen dann die Straßen besonders propper aus, als würden sie auf die Rückkehr des Prinzen warten. Manchmal scheint die Sonne katholisch, dann wieder evangelisch, und die großen, schweren Bauernhöfe liegen einfach da rum, als wären sie in das Land hineingewachsen.

Ich muß sagen, ich bin ja manchmal sicher ein bißken befangen, weil es am Niederrhein einfach schön ist, obwohl also mit Erlebnis-Urlaub oder Abenteuer-Ferien is da nix. Aber wenn Sie Ihr Fahrrad mitbringen, da können Sie hier immer nur en bißken so von Wachtendonk nach Kranenburg hin- und herstrampeln, und Sie glauben nicht, wie gut das Ihrem Gemüt tut.

Ich will ja nicht stronzen (Jetzt weiß ich gar nicht, ob das mit „z" oder mit „tz" geschrieben wird, aber is auch egal), aber der Niederrhein ist was ganz Seltenes, also sowas kriegen Sie nicht alle Tage. Und im Sommer fahren ja viele nach Italien und Spanien und so weiter, aber die kommen alle eines Tages an den Niederrhein zurück.

Meinzeit, wat sind wir damals mit dem Fahrrad rumgerast, als müßten wir für die Tour de France üben, dabei fuhren wir nur von Moers am Averdunckschen Hof vorbei, und an der Ecke von Biefang links herum nach Bettenkamp in die Badeanstalt. Da lagen wir ja dann den ganzen Tag im Wasser, also nicht den ganzen Tag, aber fast, und Leo Pöll, der Bademeister, hatte immer ein Auge auf uns, wenn wir blaue Lippen hatten. Und abends rasten wir dann wieder nach Haus zurück. Wer an der Diergardtstraße / Ecke Uerdingerstraße erster war, der hatte gewonnen. Im Sommer, wenn wir große Ferien hatten, war für uns der Niederrhein der Nabel der Welt, und keiner wollte jemals weg davon, weg von zu Haus. Und heut? Heut sitzen wir überall verstreut inne Welt erum, und wenn wir uns schon mal sehen, dann sagen wir: Überall ist Niederrhein! Tach zusammen.

ABER LEBEN MÖCHT ICH DA NICHT

Wissen Sie wat übrigens
Auch so eine niederrheinische Redensart ist
Und zwar wenn einer sagt:
Schön isset da ja
Aber Leben möcht ich da nicht
Nun ist es ja hinreichend bekannt
Daß wir Niederrheiner schwer zufrieden zu stellen sind
Ich meine uns kann man hinschicken wo man will
Z. B. der große Josef Beuys der soll ja mal gesagt haben
Als er aus Venedig zurückkam
Und die Leute ihn gefragt haben: Na Jupp wie war er denn?
Da soll der gesagt haben: En bißken kleinkariert
Soll der gesagt haben
Aber das mein ich jetzt nicht
Sagen wir mal so
Man fährt mit dem Niederrheiner
Durch ein wunderschönes Dörfken
Alles propper und nett sagen wir mal Berlin
Und er sagt auch daß es da wirklich schön ist
Aber dann kommt gleich hinterher
Aber leben möcht ich da nicht
Also nicht daß es ihm da nicht gefallen tät
Er findet alles so weit in Ordnung
Nur leben möcht er da nicht
Nee da sind wir Niederrheiner eigen drin
Ich weiß auch nicht warum
Also ich auch
Jedesmal
Ich bin ja schon durch tausend Gegenden gefahren
Mein Gott wo ich schon all gewesen bin
Z. B. in Kandersteg
Da ist es ja wirklich wunderbar
Kandersteg kenn Sie ja vielleicht in der Schweiz
Da fuhren unsere früheren Metzgersleute immer hin
Allein der Name ist schon wunderschön, Kandersteg
Und selbst ist es ja da auch wunderschön
Wenn man morgens aufsteht
Kannst du direkt an die Berge fassen
Also einmalig
Du bist sofort umringt von Bergen morgens schon
Und hast sofort son richtiges Feriengefühl
Auch die Umgebung alles Tip Top

Aber leben könnt ich da nicht
Für Geld und Gute Worte nicht
Obwohl mir niemand was getan hat
Das ist mir zu abgeschieden
Du machst es Fenster auf und du bist mit dem Kinn
Schon gleich am Berg
Wunderschön ne wirklich
aber leben, nee, könnt ich da nicht
Ich meine
Gut mal so 14 Tage einfach nur so spazierengehen...
So zur Erholung
Wunderbar
Aber leben nee
Könnt ich da nicht
Haben Bruckschens neulich ja auch noch gesagt
Die waren da ja auch gewesen
Der Ort selbst ist ja Schmuck
Also ein Schmuckstück für sich
Keine Frage
Oder auch Venedig
Ist ja nun auch eine schöne Stadt
Schon von der Geschichte her
Mit der Säufer-Brücke
Oder der Seufzer-Brücke vielmehr
Also die ganzen alten Dinge
Und der Doge an den Kanälen
Die ganzen Palazzos
Die sind ja jetzt alle am Zerfallen
Einmalig
Aber leben möcht ich da nicht
Könnten Sie da leben

Auf die Dauer wird ja son Canale Grande auch langweilig
Ich mein New York ist ja auch gewaltig
Man ist ja wie erschlagen wenn man da rumläuft
Sehr beeindruckend
Aber leben möcht ich da nicht
Gut also wenn ich dahin müßte
In Ordnung
Das ist ja dann höhere Gewalt
Andere reißen sich ja da drum
Der Theo Brinksken
Der geht ja jetzt mit Sack und Pack nach Kanada
Ich könnt das nicht
Ich meine studienhalber gut
Die ganzen Holzfäller das mal aus nächster Nähe zu erleben
Warum nicht
Kann ja nur lehrreich sein
Aber auf die Dauer nee
Also mir könnten Sie
Die wunderschöne Insel Mainau schenken
Die nähm ich zwar und steckte die mir in die Tasche
Aber leben möcht ich da nicht.

Niederrheinische Unterhaltung

Für mich gibbet ja manchmal nix Schöneres
Als so im Halbdunkeln zu sitzen
Und so vier bis fünf alte Niederrheinern
Beim Gespräch zuzuhören
Meistens erzählen se ja von ganz früher
Und wissen dann nicht so genau den Unterschied
Zwischen Dragonern, Ulanen und Husaren
Dat sind die ganz alten Niederrheiner
Da gibbet ja schon gar nicht mehr viel von
Ja un die Jüngeren
Die wissen auch nicht viel mehr
Un erzählen auch meistens von früher
Also nicht mehr von ganz früher
Sagen wer mal so von gestern
Un dann kommt auf einmal ein Wort aufs Tapet
Das haben zwar alle schon mal gehört in letzter Zeit
Aber keiner weiß genau was das ist
Un jetz stürzen se sich all ins Getümmel
Um rauszukriegen
Wat dat wohl is wat dat wohl heißt
Z. B. Charisma oder Charismatiker
Ja sagt dann der erste
Charismatiker dat is also
Dat is glaube ich
Ich meine
Kann das sein daß das ein technischer Zeichner is
In sonem großen Büro
Wo se all am Rechnen und am Zeichnen sind
Auf soner Tafel mit nem Lineal
Oder wat soll dat sein
Für mich ist also ein Charismatiker
Sagt dann der zweite
Also einer der wie soll ich sagen
Also einer der in de Orthopädie arbeitet
Wo man also manchmal so ausgekugelt wird
Also mehr oder weniger so Massage ne
Dat soll furchtbar weh tun im ersten Moment
Neee sagt dann einer nix
Dat sind doch Chiropragmatiker die du meinst
Die mit der Schulter wie bei uns der Dr. Herrmann
Der hängt dich eine Zeitlang mit dem Kopf nach unten auf
Un dann isset weg
Nein ein Charismatiker dat is einer
Der hat ja keinen Beruf
Sondern das sieht man dem an
Der sieht nur so aus
Ja wie dat sieht man dem an
Ja im Gesicht der ganze Ausdruck
De Franz Beckenbauer dat is en Charismatiker
Wenn de dem sein Backenknochen mal beobachtest
Dann weiße wat en Charismatiker is
Aber de ist doch Fußballspieler
Macht doch nix
Du kannst auch als Friseur Charismatiker sein
Also ich mein immer noch dat wären technische Zeichner
Ich mein ich kann mich irren aber
Wenn die so an dem Brett stehen mit dem Lineal
Nee auf keinen Fall

Dat kommt doch von Charisma
Ja und
Wat heißt dat denn
Ja weiß ich auch nich
Dat kommt aus Indien
Kismet oder wie dat heißt
Hamwer doch als Kinder immer gesagt
Gehsse mit Gehsse mit
Quatschkopf dat heißt doch Fatima
Ja sicher un dat kommt aus Indien ganz bestimmt
Ach dummes Zeuch aus Indien
De Udo Lattek der hat kein Charisma
Der hat auch Backenknochen
Dat musse mal beobachten
Wenn de nervös is
Dann gehen die Backenknochen bei dem hin un her
Wie so zwei große Kolben früher bei de Lokomotiven
Aber dat is kein Charisma dat is Nervosität bei dem
Also ich bin nach wie vor der Ansicht
Daß das ein technischer Zeichner is
Nee
Beckenbauer der hat Charisma
Da musse einfach auf en Fußballplatz gehen
Hände inne Hosentaschen und dann gewinnen
Un dann hasse Charisma
Also ich frag mal meinen Orthopäden
Charisma is dat nich
Vonne Kirche sone gemeinnützige Organisation
Dat ist doch Charitas
Achso ja
Ja dann weiß ich et auch nicht

Charismatiker das sind doch die
Die manchmal kein Luft kriegen
Die haben immer son Spraydos dabei
Ach wat Charismatiker dat is ganz wat Feines
dat is unsichtbar
Dat kann unsereiner gar nicht werden
Höchstens wenn de in den Himmel kommst
Allerhöchstens

Eventueller Geburtstag

Ich weiß nich
Ob Sie neulich auch auf dem Geburtstag
Von Hein Brinksken waren
Neulich
Vielleicht kennen Sie den auch gar nich
Er is so knapp einsachtzig
Un sie sagen wer mal so einsfünfundsechzig
Ihr Bruder wär ja beinahe Sparkassendirektor geworden
Ich weiß nich
Ob Se davon gehört
Hätt ja sein können
Also
Wie der Hein Brinksken fünfzig geworden is
De sieht ja aus wie vierzig
Manchmal allerdings auch wie sechzig
Weil de hat ja kein Zähn mehr
Oben nich un unten nich
Vollprothese
Hat er mir neulich gesacht
Unter uns hat er gesacht
Da hätte er jetzt kein Last mehr mit
Das Kapitel Zähne wäre für ihn erledigt
Hat er so im Scherz gesacht
Man merkt aber auch wirklich nix
De spricht einwandfrei
Oben un unten
Un de Geburtstag de war auch einmalig
Die hatten sich bei Achteraths der Einfachheit halber
Achterath is ja bei uns die Delikatesswarenhandlung
Steht ja auch draußen dran: Delikat essen
Kleines Wortspiel hat sein Sohn gemacht
Feinkost sacht man ja auch
Also nich Schonkost sondern Feinkost
Da gibbet alles also alles
Vom mongolischen Taubenei bis zur Marco Polo Suppe
In Büchsen natürlich
Un da hatten die sich auch son Buffett
Zum Geburtstag bestellt
Wir wollen dat bei unsern Heini seine Verlobung
Wahrscheinlich auch machen
Son Buffett
Also einmalig
Überall so Aalstückchen
Also ich ess ja wahnsinnig gern so Aalstückchen
Ich könnt den ganzen Tach so Aalstückchen essen
Wirklich
Also einwandfrei
Kann man nich selber machen
Jedenfalls
Un nun hatte aber sein Frau die Trautchen
Hatte völlig vergessen zu sagen
Daß an all den Salaten um Gottes Willen
Keine Zwiebeln dran sein durften
An alles sollte eigentlich keine Zwiebel dran
Weil der Hein da schon seit Jahren
Warum weiß ich auch nicht
Son Abscheu vor hat vor Zwiebeln
Da kriegt er gleich son Juckreiz

De hat da wahrscheinlich sone Allergie
Jedenfalls das ganze Gesicht läuft dann ganz rot an
Ich hab das mal erlebt
Bei Schlottmanns auf de silberne Hochzeit
Als mir noch de Knopp vom Mantel abgegangen is
Da gab et vorher auch sone Zwiebelsuppe
Un da hat de Hein wider seinen Willen
Un grade das soll man ja nich machen
Wider seinen Willen also aus Höflichkeit gewissermaßen
Zwei Löffel von gegessen
Da mußte der gleich auf den Hof hinaus
Un kriegte einen Hustenanfall
Dat geht ja blitzschnell
Un jetzt am Geburtstag als dat Malheur passiert war
Überall Zwiebeln an den Salaten
Da ham wir all gesacht
Dann iss doch wat anderes
Is doch genug da
Aber er sachte
Das hätte an seinem 50. Geburtstach eigentlich
Nicht passieren dürfen eigentlich nicht
De schmeckt auch aus allem die Zwiebel sofort raus
Un is dann sofort beleidigt
Wenn de schon von weitem eine Zwiebel ahnt nur ahnt
Dreht er sich auf dem Absatz um
Wech is er
Un ausgerechnet jetzt am 50. Geburtstag
An all den Salaten Zwiebeln
Weil die Trautchen das vergessen hatte bei Achteraths zu sagen
Da war die ganze Geburtstagsfeier von überschattet
Richtig tragisch fast

Sicher ich hab zu mein Frau gesacht et gibt Schlimmeres
Aber verstehen kann ich das schon
Wenn man sich so gefreut hat die ganzen vielen Jahre
De Schwiegersohn hat dann noch am Anfang versucht
In seiner Begrüßung das alles zu überspielen
Un hat noch so scherzhaft gesacht
Des Menschen Leben wär wie eine Zwiebel
Da war et ganz aus
Da hat sich de Hein so verfärbt
Is sofort raus
Un ers nach ner halben Stunde wiederreingekommen
Ich mein mir macht dat ja nix
Ich kenn ja einen
Der ißt keine Leber
Ums verplatzen nich
Dem kannze auch nix vormachen
So mit imitierte Leberpastete
Oder mit Leberknödelsuppe
Nix
Oder Geschnetzeltes
Nix
Jetzt komm ich nich auf de Namen
Aber wenn Se den mal sehen

Nur nich das Wort Leber erwähnen
Lehrer Heitkamp aus Aldekerk war ja auch da
De is ja auch schon achtundsiebzig immerhin
Un Franz Angerhausen war da mit sein Frau
Die haben ja jetzt die Metzgerei ganz aufgegeben
Hat sich nicht fortgesetzt
Ja de älteste hat ja die Tankstelle
Un de zweite hat ja den Schnellimbiß
Un die Christa die hat ja in Oberkassel
den Assistenzarzt mitgekriegt
Un verpachten wollten se nich
Un de sachte mir zum Beispiel
Obwohl er jahrzehntelang Metzger war
Er könnt kein Fleisch mehr sehen
Dat wär ganz schlachartig gekommen
Aus Schluß Fertig
Ich mein ich kann das verstehen
Wenn einer jahrzehntelang immer nur
Mit sonem Beil rumläuft un sich
Dann auch noch den ganzen Tach
Mit den Kunden rumschlagen muß
Da kann man kein Fleisch mehr sehen
Dat würd mir genau genau so gehen
Ihnen wahrscheinlich auch
Der Gerd Bongartz zum Beispiel
Der hat mir nun wieder gleich gesacht
Als er sich neben mich gesetzt hatte
Er äße keine Tomaten
Ich hab heut abend alles
Wo Tomaten drin waren stehen lassen
Ich sach: Wie du ißt kein Tomaten
Nee sacht er Du kannz mir sons vorsetzen wat de willz
Aber bei Tomaten bin ich nicht zurechnungsfähig
Un abgezogene Tomaten
Auch nich sacht er
Er bekäme dann immer gleich sone Hautgeschichte
Macht ja nix sach ich
Du bis ja auch ohne Tomaten groß geworden
Bei mir isset die Milch sach ich
Keinen Tropfen
Wenn ich schon Milch von weitem seh
Is der Tach für mich im Eimer
Ich kenn einen sacht er
Der kriegt bei Bananen sofort einen Tobsuchtsanfall
Dem kannze de feinste Fruchtsalat vorsetzen
De hat mal wegen einem Fitzchen Banane
Ne ganze Kneipe zertrümmert
Ja sach ich so hat jeder wat
Komisch dat dat alles immer auf Geburtstagen rauskommt
Ja sacht er muß wohl
Zuletzt waren wer eigentlich nur noch zu viert
Da war et aber auch schon drei Uhr
Und Hein Brinksken schlief schon
Halbwegs un mein Frau hatte schon zwanzigmal gesacht
Dein Benehmen is katastrophal
Alle fünf Minuten Dein Benehmen is katastrophal
Denn ich hatte mir ja den ganzen Abend
Den Bauch so voll geschlagen
Mir macht alles nix
Un son Geburtstag is ja immer en schweres Stück Arbeit
Aber et war einmalig un ich hab noch zu mein Frau gesagt
Wenn ich Geburtstag hab da gehn wer auch hin.

Im Sommer

Festungsstadt Zons

Mauerblümchen

Bürgerschützenfest

Neusser Bürgerschützenfest: Blumenpracht in Füllhörnern

Schloß Kalkum

Die Fähre setzt über

Rheinberg: Haus Ossenberg

Wegekreuz bei Schaephuysen

Das Rathaus in Kalkar

Straßenmaler-Wettbewerb in Geldern

Altrhein Birten

Altrhein

Kopfbäume in Ginderich/Xanten

Am Altrhein bei Xanten

Rheindeich in Wesel mit Blick auf den Dom

Der Willibrordi-Dom in Wesel

Otto-Pankok-Museum

Auf dem Friedhof in Marienthal

Altrhein Bienen-Praest

Altrhein Bienen-Praest

Eine Kuhle bei Bienen

Gänsemarsch

Sommerwiese

Herbst

Also
Ich will mal so sagen
Et is ja eine beliebte Angewohnheit
Wenn ich so sagen darf
Ich bin ja kein Dichter ne
Daß man sich so seine Jahre
In verschiedene Zeiten einteilt
Dat sind dann die sogenannten Jahreszeiten
Wer am Anfang auf die Idee gekommen is
Weiß ich nich
Will ich auch gar nicht wissen
Dat hält mich nur auf
Sach ich immer zu mein Frau
Wahrscheinlich wie ich das kenne
Werden da wieder de alten Römer
Dran beteiligt gewesen sein
Die haben ja damals schon ganz grade Straßen
Gebaut
In Pompeji un de ganze verschüttete Kram überall
Is aber auch egal
Ich mein mit den Jahreszeiten
Da haben se all immer mit zu tun gehabt
Womma sagen
Die Dichter zum Beispiel
Oder die Musiker un auch die Maler
Ohne die ganzen Jahreszeiten wären die doch oft
Dumm dran gewesen
Is nich so
Ja sicher
Da wär manches schöne Frühlingsgedicht
Int Wasser gefallen
Oder die Musiker
Die haben sich doch manchmal regelrecht
An die Jahreszeiten geklammert
Frühlingsrauschen oder wie die Dinger all heißen
Oder Winterreise
Oder de Herbst
Dat ist doch die Melonchalie in Person
Oder wie heißt dat Melancholie
Da sind doch fast alle Dichter drüber hergefallen
Weil der Herbst ja auch ein Symbol ist
Kann man ja verstehen
Daß da die Künstler immer besonders aufgeregt werden
Durch son Vergänglichkeitssymbol
Wenn all die Blätter immer runterfallen
Schon seit Jahrtausenden
Un die sind ja dann rot un gelb un braun
Un läuten den Lebensabend ein
Die Blätter

So kann man vielleicht sagen
Obwohl dat ja nix heißen will
Denn eigentlich machen die ja nur Platz
Für neue Blätter
Also vonne Botanik her
Da hab ich nun wirklich kein Ahnung von im Einzelnen
Aber von der Vergänglichkeit
Dat merk ich ja auch schon en bißken
Manchmal
Wennet so sechs Treppen hochgeht
Ohne Aufzug
Wenn ich dann oben bin
Is Winter ne
Aber Spaß muß sein
Un am Niederrhein da is ja de Herbst besonders schön
Weil da kommt ja die ganze Poesie
So richtig zum Vorschein
Da muß man sich nur Zeit nehmen
Un en bissken gucken
Also de Augen aufmachen
Zumachen kann man se immer noch
Da sorgt schon jemand anders für ne
Un im Herbst kommt de liebe Gott ja viel
An den Niederrhein
Erstens weil er ja auch vom Niederrhein is
Und zweitens weil ja hier noch en Schwester
Von ihm wohnt
Un der Schwager is ja schon seit langem bettlägerig
Rückgrat ne
Genau weiß ich dat auch nich
Aber jedenfalls de liegt
Un da kommt de liebe Gott im Herbst
Immer en bißken aushelfen
Ich hab den auch schon en paarmal gesehn
Wie de aussieht
Ne nix also
Dat darf ich nich verraten
Hat er extra gesagt: Kein Wort
Dat bleibt unter uns
Un dann ist der Herbst riesig schön
So daß man sich manchmal beim Atmen verschluckt
Und in die Landschaft
In den Himmel beißen möchte
Wie in son Butterbrot
Wirklich wahr
Dat sind so Tage
Da möcht ich nur noch Herbst haben
Nur noch Herbst
Un nur noch Niederrhein.
Tach zusammen.

Niederrheinische Themen

Neulich hat mir ein Freund gesagt
Ein Dortmunder in Saarbrücken
Hat mir gesagt
Wir Niederrheiner hätten eigentlich genau besehen
Nur zwei große Themen im Leben
Nämlich
Essen und Sterben
Un da hab ich zuerst gedacht
De spinnt de Mann
Aber nach en paar Tagen hab ich dann doch gedacht
Essen und Sterben
Da is was dran
Also Essen als Verdauung
Un Sterben als Verwesung
Denn der Niederrheiner
Der kann doch stundenlang erzählen
Wat er gern ißt und wat er nich so gern ißt
Un wie de gestorben is
Un woran
Un wie lang dat gedauert hat
Un welcher Arzt dat alles verpfuscht hat
Un wer schließlich dat Ganze erbt
Un dat gar nix mehr da is
Weil das ist alles für die Operation draufgegangen
Un wir hatten am Sonntag dicke Bohnen
Un erzählen tun die das alles
Als wenn das alles nix wär
Beim Essen reden se vom Sterben
Un beim Sterben reden se vom Essen:

Du muß jetzt tüchtig wat essen
Denn et kommen jetzt schwere Tage auf dich zu
Grad wer trauert der muß zwischendurch tüchtig wat essen
Sonz stehsse dat gar nich durch
Un vom Hungern
Davon wird de Hein auch nich wieder lebendig
Da musse schon wat zwischen de Rippen haben
Wie gesagt
Beim Sterben reden se vom Essen
Und auf den großen Familiengeburtstagsessen
Wo also immer viel gegessen wird
Da reden se vom Sterben
Un rufen quer über den Tisch
Ganz laut
Un meistens noch mit vollem Mund
De hat sich et Genick gebrochen
Is doch gar nicht wahr
De is doch bloß vom Fahrrad gestürzt
Ja sach ich ja

Und dann is de so unglücklich gefallen
Dat er sich et Genick gebrochen hat
Weg war er
War ein schöner Tod
Hat jedenfalls nix mehr gemerkt
Erna de Kartoffelsalat is ganz große Klasse
Wen meinst du eigentlich
De Tendicks Jung
De Paul Tendick
Dat war doch son Fahrrad-Fan
So möcht ich nich sterben
Hat aber nix mehr gemerkt
Samma ist de Vater nich in sonem großen Kornsilo
Umgekommen
Ja genau de is regelrecht im Korn ertrunken
Hamwer doch immer scherzhaft gesacht
De is in sonem großen Getreidespeicher
Is de vom Brett ausgerutscht
Un weg war er
Un kein Mensch hat ihn rufen gehört
Da hamse dann tagelang gesucht
Bis se dann langsam draufgekommen sind
Ja un dann haben se den Silo
Dat war ja en groß Dinge
Also dat ganze Korn alles raus
Und dan hamse ihn dann ganz unten gefunden
Furchtbar

Die alte Frau hat das gar nicht verwunden
Is ja auch kurz drauf gestorben
Un jetzt de Jung
Also manche Familien sach ich immer
Kommen auf keinen grünen Zweig
Kannze mir mal das Brot rübergeben
Kratz doch die Butter nich so
Is doch genug da
Ich werd zu dick
Ach wat die sieben mageren Jahre die kommen schon noch
Verhungern is auch kein schöner Tod
Samma kauft ihr eigentlich die Leberwurst
Immer noch bei Pannenbeckers
Dacht ich mir schon
Ich sach immer
Man kann sich seinen Tod nich aussuchen
Aber et Essen schon
Un das is doch wenigstens wat im Leben.

Niederrheinische Fragen

Ich weiß nich
Wie dat bei Ihnen is
Aber ich muß sagen
Je älter ich werd
Ich seh meinem Vater immer ähnlicher
Also ganz komisch
Ich spiel ja auch meistens mein Vater
Die meisten Söhne
Ob se et wollen oder nich
Spielen all ihre Väter
Un die Töchter die Mütter
Das kommt alles erst im Laufe eines Lebens raus
Ich sprech auch wie mein Vater
Ich ess auch genau so
Mein Frau sacht manchmal
Schling doch nicht so!
Kann ich nix für sach ich dann
Dat hab ich von mein Vater
Oder manchmal sacht se auch
Knibbelst Du wieder
Auch wenn se mich gar nicht sieht
Dat hab ich nämlich auch von mein Vater
Dieses nervöse niederrheinische Knibbeln überall
Un manchmal ertapp ich mich dabei
Daß ich schon die gleichen Fragen stell
Diese berühmten niederrheinischen Dot un Dusseligkeitsfragen
Eine davon kennen se ja bestimmt
Samma wo steckt de jetzt eigentlich?
Oder
Wo mag de jetzt wohl stecken?
Lebt de noch?
De sieht man gar nich mehr
Ich wüßt mal so gern wie de jetzt aussieht
Wenn ich früher nach Haus kam
Kaum saß ich fünf Minuten auf em Sofa
Da ging die Fragerei schon los:
Samma wat is eigentlich aus dem Mann geworden
Der uns seinerzeit auf dem Bahnhof in Mainz
So nett die Koffer getragen hat
Lebt der noch?
Ja ich sach de lebt noch
De wohnte aber in Koblenz
Ja sach ich de wohnte in Koblenz
Pause
War de nich auch beim Rundfunk
Ja ich sach de war in Mainz beim Rundfunk
Pause
Wat mach son Mann wohl haben an Gehalt?
So vier bis fünftausend sach ich
So viel
Brutto
Ach so Brutto wollt ich doch sagen
Pause
Hatt de Kinder?
Ja ich glaub zwei
Pause
De war sehr nett war de
Un de fährt immer hin und her jeden Tach

Ja sach ich
Auch nich so einfach für son Mann
Dat wär nix für mich
Sachte mein Vater dann immer
Wenn ich dann en Jahr später nach Haus kam
Kaum saß ich fünf Minuten auf em Sofa
Ging die Fragerei schon wieder los
Samma wat is eigentlich aus dem Mann geworden
Der uns seinerzeit auf dem Bahnhof in Mainz
So nett die Koffer getragen hat
Lebt de noch?
Ja ich sach de lebt noch
Un im Jahr drauf immer die gleichen Fragen
Un im Jahr da drauf immer noch die gleichen Fragen
Un immer so weiter
Nun darf ich mich eigentlich darüber gar nicht
Lustig machen
Denn ich bin ja inzwischen schon genau so
Ich stell ja inzwischen mein Tochter
Auch immer die gleichen Fragen
Wie:
Samma wie hieß eigentlich de nette junge Mann
Der dich damals immer aus de Tanzstund nach Haus gebracht hat
(Mein Tochter is inzwischen dreiundvierzig)
Weiß ich nicht mehr sacht dann mein Tochter
Hieß de nicht Klaus-Erwin oder so ähnlich
De Vater war glaub ich auf em Katasteramt und die Mutter
War ne geborene Tersteegen aus Kaldenhausen
Wat Du immer alles wissen willst sacht dann mein Tochter
Dat hab ich von mein Vater
Sach ich dann immer
De war preußischer Beamter
Und de war einer der wenigen Niederrheiner
Bei denen et genau umgekehrt war
Nämlich
De wußte alles
Konnte aber nix erklären.

Wie möchten Sie beerdigt werden?

Ich hab mal ne ganz private Frage
Un Sie werden vielleicht sagen
Dat geht Sie überhaupt nix an
Aber ich versprech Ihnen
Die Frage bleibt völlig unter uns: Ehrenwort
Un die Antwort auch
Aber ich mein
Im Herbst kann man schon mal sowat Fragen
So von der ganzen Stimmung her
Und zwar
Wie möchten Sie beerdigt werden?
Wie gesagt die Frage kommt jetzt sicher en bißken plötzlich
Aber et bleibt wirklich ganz unter uns
Un wenn wer uns mal sehen
Dann kneifen wer uns en Äugsken
Oder winken uns son bissken zu
Un dann wissen wer schon Bescheid
Weil die Frage wird ja viel zu wenig diskutiert
Un auf einmal isset dann zu spät

Un alle Welt sagt dann
Hätten wer doch schon früher mal drüber gesprochen
Dat kennt man ja
Denn wer rechnet schon mit sowat
Menschenskindnochmal
Wollen Sie eine Erdbestattung oder Krematorium?
Tja dat sind alles so Sachen
Un dann auch die ganze Art und Weise
Bei einigen soll ja en Schauspieler rezitieren
Bei anderen wieder kommt immer eine Musik-Kapelle
Un alles ist gespannt wat de Pfarrer sagt ne
Also
Ich war ja jahrelang für Erdbestattung
Weil womma sagen
Et heißt doch daß man aus Erde ist
Un wieder zu Erde wird oder werden soll
Also Staub un Asche
Un dat is ja auch ganz gut so
Nach all den Aufregungen im Leben
Sach ich immer
Will man dann ja auch seine Ruhe haben
Ja un de Pfarrer de kann von mir aus sein wie er will
Auch wenn er nich weiß wat er sagen soll
Auch dann wär mir das recht
Dat wär mir eigentlich noch lieber
Als all die die immer genau wissen
Wat se dazu sagen sollen
Ja un dann vielleicht noch en Orgelspieler bei mir
In der Kapelle
De wat von Erik Satie auf de Orgel spielt
Am Anfang un beim Rausgehn aus der Kapelle

Wo se sich immer so schubsen
Wer als erster hinter dem Sarg geht
Un de Orgelspieler de müßt an dem Tag bei mir
Leicht angetrunken sein
Angeheitert wie man so sagt
Vielleicht laß ich mir einen aus Irland kommen
Son bißken rothaarig
Un leicht angetrunken
Ma gucken ob dat klappt
Un dat Grab müßte vor lauter Schlichtheit
Gar nicht zu erkennen sein
Nur so aufgeschichtete Steine
Un darüber furchtbar viel Efeu un wilden Wein
Überall
So daß jeder sagt
Wer liegt denn hier?
Wo liegt der denn?
Aber keiner weißet genau
Un alle sind dann am raten
Et könnt vielleicht hier oder vielleicht da
Oder doch mehr hier oder dort sein

Aber keiner kriegt et raus
Un ich lach mich kaputt
Un dann gehen se all ganz bedröppelt nach Haus
Kaffee trinken
Ich mein
Am liebsten wär mir ja
Aber dafür müßt ich mich verbrennen lassen
Un ich hab son schlechtes Heilfleisch
Am liebsten hätt ich
Wenn se mich aus sonem Hubschrauber raus
Also die Asche aus meiner Urne
Über son niederrheinisches Kornfeld
Verstreuen würden
Un keiner weiß wo dat is
Also ganz incognito
Aber ich glaub das ist nicht erlaubt
Von den Behörden aus
Dat wär natürlich dat Schönste
Ich hab immer gesagt:
Man soll aus seinem Leben dat Beste machen.

Manchmal

Manchmal schwirren all meine Verwandten
An meinem Gedächtnisfenster vorbei
Und rufen und winken
Vergiß uns nicht!
Wir sind noch nicht tot
Wir leben noch
Solang du lebst!
Und manchmal
Sitzen se auch ganz plötzlich neben mir auf de Bank
Und sagen
Wann kommsse denn wieder mal nach Trompet
Oder nach Oestrum
Oder nach Rumeln
Oder nach Kaldenhausen
Kriss auch en lecker Tass Kaffee
Un en Schinkenbutteramm
Kannz doch mal vorbeikommen
Kannz doch nich ewig am Schreibtisch sitzen
Muß doch auch mal anne frische Luft
Dumme Jung!
Das sind so Augenblicke
Wo ich auf Intellekt Geschmack Wissen Bildung und Anspruch
Völlig pfeife völlig
Und mich furchtbar gern nochmal in das gemachte Bett
Meiner Kindheit fallen lassen möchte
Aber doch nur auf die Friedhöfe gehen kann
Unbeholfen vor den Gräbern steh
Un mir vorstell wie se jetzt wohl all aussehn:
Kannz doch mal vorbeikommen!

Im Herbst

Im Selfkant-Gebiet

Störche in Hochwildfreigehege Gangelt

Wasserburg Schloß Dyck

Idylle bei Schloß Dyck

Neuss: Museumsinsel Hombroich

Biotop auf der Museumsinsel

Bei Haus Pesch in Meerbusch-Büderich

Kunst bei Haus Pesch

Eine Koppel in Krefeld-Linn

Burg Linn

Die idyllische Blink

An der Blink bei Issum

Kopfbaum im Herbst

Halali

Allee am Haus Beerenbrouck

Haus Beerenbrouck in Geldern

Die Schwanenburg in Kleve

In der Düffel

Am Reeser Altrhein

Die Bislicher Insel

Technik im Einsatz

Bäuerliche Flur in Rees

Kopfbäume an der Blink

Wie ich Ditz Atrops kennenlernte

Also dat war so
Is schon länger her
Ich geh ja öfter zu Hein Lindemann
Bei uns um de Eck
Anne Thek rasch en Bier trinken
Abends natürlich
Sonntags auch schon mal morgens
Aber selten
Un da stand schon die ganze Zeit
Immer so einer neben mir rum
Hut auf so schräg nach hinten
Mantel an un ungefähr meine Größe
Aber immer de Mantel an
Un guckte auf sen Glas
Aber sachte nix
Un da hab ich natürlich auch nix gesacht
Ich denk
Wenn der nix sacht
Brauchsse auch nix zu sagen
Aber als er dann mal raus mußte
Da hab ich doch zu Hein Lindemann gesacht
Sag mal wer is dat eigentlich
Kennz du den
Kennz de nich sacht er
Den kenn ich schon lange
Dat du den nich kennz
De is doch stadtbekannt
Nee sach ich aufgefallen is er mir ja schon länger
Aber kennen wär zu viel gesacht
De kommt doch jeden Abend
Sacht Hein Lindemann
Jeden Abend
De is inne Botenmeisterei
Bei de Sparkass
Dat du den nich kennz
Nee sach ich ich kann ja nich alles kennen
Wie heißt de denn
De heißt Ditz Atrops sacht Hein Lindemann
Der Vater war lange Zeit Tubabläser bei de Feuerwehr
Lebt aber nich mehr
Die Mutter lebt noch
Muß ja
Sonz wär de Jung ja völlig verloren
Deswegen kommt de auch jeden Abend
Un trinkt sich hier die Hucke voll
Bis jeck sach ich
Nee bis zwei sacht Hein Lindemann
Wenn de hier rausgeht um zwei
Manchmal wird et auch drei
Dann macht de aus jeder Tür ne Drehtür
Aber de geht immer als hätt er en Besenstiel verschluckt
Un dann sacht er immer bevor er rausgeht
Dreht er sich um un sacht
Auf nach Chalahora!

Un wenn er reinkommt
Sacht er jedesmal
Salve Imperator!
De hat ja Abitur
Wat soll dat denn heißen sach ich
Auf nach Chalahora!
Ja weiß ich nich sacht Hein Lindemann
Er sacht immer
Er wär schon mit El Cid in Valencia gewesen
Un hätt die Mauren aus Spanien verjagt
Hier
Un dann inne Botenmeisterei weißte
Da kann doch wat nich stimmen
De spinnt sich hier jeden Abend sein Leben zusammen
Er hätte sogar damals
Den toten El Cid auf et Pferd gebunden
Un da wären die Mauren vor lauter Schreck
Int Meer geflohen
Er hätte das alles gemacht seinerzeit
Dat war doch vor 900 Jahren sach ich
Hab ich ihm auch gesacht sacht Hein Lindemann
Dat macht nix hat er gesacht dat macht nix
Das Abendland wäre zeitlos
Auf nach Chalahora!
Un dann trinkt er noch fünf Biere un drei Williams Birnen
Bis ich sage jetzt is Schluß sacht Hein Lindemann
Von wegen das Abendland is zeitlos
Aber dann fängt er erst richtig an
Er wär mit dem Messmer auf em Dings
Auf em Himalaya gewesen
Unsichtbar mit Tarnkappe
De Messmer hätt überhaupt nix gemerkt
Un zwischendurch sacht der stundenlang nix
Sacht Hein Lindemann
Neulich hat er gesacht sein Vater wär eigentlich
Ein skandinavischer Geiger gewesen
Un sein Mutter eine flämische Kurtisane
Da hab ich gesacht
Dat laß nur nich Dein Mutter hören
Da sacht de zu mir
Abwarten Sir
Das Abendland ist international
Im nächsten Sommer will er mit dem Fahrrad
Durch den tiefsten Brasilianischen Urwald
Er hätt schon die Machete bereit liegen
Un er könnt schon ein spanisches Wort: Conception
Ich sach ja sacht Hein Lindemann de lebt davon
Der hat nur dummes Zeuch im Kopf
Es gibt Abende
Da sacht de nur lateinische Lehrsätze auf
Geht hier mit seinem Bier von Tisch zu Tisch
Un sacht überall
Die Oma hat Geburtstag
Paula hat einen Kuchen gebacken
Warum hat Paula einen Kuchen gebacken
Weil die Oma Geburtstag hat
Un dann kann de kein Ende finden
Da muss ich den dann immer wieder an die Theke zerren
Un dann sacht er Entschuldige entschuldige
Aber die Oma hat Geburtstag
Ja is ja jetzt gut sach ich dann immer ich weiss ja
Paula hat einen Kuchen gebacken

Ja warum sacht er dann immer
Warum warum das ist doch die philosophische Frage
Warum hat Paula einen Kuchen gebacken
Warum
Un dann sacht er dann stundenlang wieder nix
sacht Hein Lindemann
Da machse wat mit
De is ja nich dumm
Der weiß alles
Aber et kommt alles in Bruchstücken
Da kommt er grad wieder sacht Hein Lindemann
Ma gucken wat er jetzt wieder hat
Sach ma nix
Nee sach ich ich sach au nix
Un ich brauchte auch gar nix zu sagen
Denn kaum als er wieder anne Thek stand
sacht er auf einmal zu mir
Der Bauer ruft die Magd
Die Magd ruft die Hühner
Das Abendland ist im Eimer
Meister wie is et denn
Ja sach ich wie sollet sein
Ja sacht er das ist hier die Frage
Soll ich oder soll ich nich
Ich sach wieso
Ja sacht er vorgestern hat mich die Sphinx angerufen
Wer bitte sach ich
Die Sphinx sacht er
Die da immer inne Wüste rumliegt Ägypten
Ruft mich morgens um fünf an
Ich hab schon gedacht Gott weiß wat los is

Morgens um fünf
Kriegt man ja immer en Schrecken ne
Ja ich sach wer is denn da
Ja hier is die Sphinx
Ja ich sach ma langsam
Hier is die Sphinx kann ja jeder sagen
Morgens um fünf
Ich sach wat is denn los
Da sacht die doch zu mir die Sphinx
Kannze nich ma kommen
Un mich für zwei Jahr ablösen
Ich hab kein Lust mehr ich will mal ausspannen
Ja ich sach Momende mal wat muss ich denn da machen
Ja sacht se du mußt hier nur so rumliegen
Inne Wüste un immer
Auf einen Punkt stieren
Is dat alles sach ich
Ja sacht se mehr brauchse nich zu machen
Ja sach ich wennet mehr nich is
Aber zwei Jahre sind lang
Un immer de Augen aufhalten
Un die Nas muss ja auch irgendwie beschädigt sein

Dat wär nich so schlimm sacht se
Da würd man sich dran gewöhnen
Ja sach ich un wat krieg ich dafür
Ruhm sacht se Ruhm un du kommst int Lexikon
Ja sach ich dat muß ich mir nochmal überlegen
Se will mich morgen früh um fünf wieder anrufen
Wo die dat Telefon her hat weiß ich auch nich
Ja un jetzt sach ich
Ja sacht er soll ich oder soll ich nich
Das ist hier die Frage
Hat ja schon Hamlet so ungefähr gesacht
Zwei Jahr inne Wüste auf einen Punkt stieren
Ich mein sacht er nachts kann ich ja schon mal aufstehen
Un mir de Füße vertreten
Oder in son Zelt gehen bei de Bauchtänzerinnen
Dat is ja ganz in der Nähe
Aber morgens um vier muss ich wieder da sein
Also ich weiß et noch nich sacht er
Obwohl man sieht ja viel un lernt ja auch dabei
Un wenn de Touristen kommen
Kann ich schon mal de Hand aufhalten
Un sagen
Please give me ten piaster
Dat leppert sich in zwei Jahren schon zusammen
Un wenn de Feldherrn vorbeikommen mit ihren Truppen
Da kann ich schon mal sagen
Guten Morgen meine Herren
Das Abendland is unterwegs
Da würden die sicher son Schrecken kriegen
Dat se gleich wieder nach Haus gehen
Also et wär schon ne Aufgabe für mich
Nur inne Botenmeisterei bei de Sparkass
Da müßt ich dann zwei Jahr Urlaub nehmen
Aber in einem solchen Fall
Müßt man ja eigentlich Verständnis dafür haben
Mein Mutter muß ich natürlich
Auch noch davon überzeugen
Daß ich eigentlich die beste Sphinx von Europe bin
Sacht er
Denn sehn Se mal
Der Bauer zählt die Hühner
Die Magd zählt die Bauern
Wie alt ist die Bäuerin?
Das Abendland ist eine Dreisatzaufgabe
Un Ditz Atrops drehte sich um und ging
Fiel wie ein Schornstein durch die Tür
Rief draußen nochmal
Auf nach Chalahora!
Un Hein Lindemann sachte zu mir
Jetzt kennz en
Ditz Atrops

Heiligabend am Niederrhein

Im Winter möchte ich immer mit meiner Mutter in einem wunderschönen großen Schlitten mit vier Pferden davor über das verschneite niederrheinische Land fahren, ganz fest und warm eingepackt in dicken, überlangen Mänteln mit einer Kapuze, und meine Mutter hat einen wunderbaren Muff mit Pelzbesatz und sieht wieder aus wie eine Zarentochter, und ich sitze ganz still neben ihr und gucke, ob am Himmel Sterne sind und ob man noch erkennen kann, daß am Himmel Plätzchen gebacken werden. Denn immer, wenn der Himmel sich zwischendrein leicht rosa färbt, werden dort Plätzchen gebacken, hat meine Mutter immer gesagt, die schon lange tot ist und mich sicher nicht wiedererkennen würde. Und darum möchte ich immer so gerne um diese Zeit mit meiner Mutter querfeldein in einem großartigen Schlitten den Niederrhein entlangfahren, auf den Heiligen Abend zu, auf die Verwandten zu, die Toten und die Lebenden, denn um diese Zeit mischt sich bei mir alles, ich habe Sehnsucht nach meiner Kindheit und Marzipan und Apfelsinen, nach den Öfen meiner Jugend, sag' ich immer, nach den geheimnisvollen Geschichten, dann möchte ich stundenlang bis zum Nordpol über das flache Land fahren und sitze doch nur in der Küche und guck' zum Fenster raus.

Heiligabend am Niederrhein, das ist sicher wie überall, aber das geht schon ganz schön an die Nieren, weil noch mal der ganze Kram zusammenkommt. Die kleinsten Familien werden plötzlich riesengroß, und wer sich gestern noch wegen einer Kleinigkeit gekloppt hat, der ist am Heiligen Abend der versöhnlichste Mensch. Das ist sicher überall so, aber am Niederrhein sitzt das tiefer, weil das immer mit dem Ende der Welt zu tun hat. Ich meine das jetzt nur geographisch, denn am Niederrhein, da gibt es Stellen, wo man denkt, jetzt noch zehn Schritte und du fällst „vonne Erd". Ja sicher, besonders um diese Zeit, wo Christus geboren wird. Sagen Sie mal, freuen Sie sich auch? Sie müssen hier nicht antworten, das muß jeder selbst wissen. Aber ich freue mich. Aber nicht von Anfang an, da hab' ich zuerst gar nichts begriffen, aber heute würde ich auch mit meiner Mutter und Christus zu dritt in einem schönen Schlitten den Niederrhein rauf und runter fahren, überall aussteigen, „Fürchtet euch nicht" sagen, wieder einsteigen und dann weiterfahren. Und ich würd' den kleinen Christus überall zeigen, und wenn er weinen tät', würd' ich ihn meiner Mutter geben. Die würde ihn dann schön schaukeln, und dann würde er einschlafen und nichts von der Welt hören und sehen, denn die ist ja nicht von seiner Welt.

Am Heiligen Abend glänzt der Niederrhein ganz besonders. Er ist noch flacher als sonst, und die Menschen sind noch stiller als sonst. Sogar Ditz Atrops, der sonst immer abends an der Theke von Hein Lindemann große Reden schwingt, ist dann ganz in sich gekehrt, trinkt schon mal ein Schnäpsken, hat sich auch fein gemacht, richtig mit Hemd und Schlips, und sagt auch schon mal, wenn er reinkommt: „Also dann, ne ..." Aber mehr nicht. Und dann setzt er sich schon mal neben den Baum, der bei Hein Lindemann rechts von der Theke steht, und singt sehr laut, aber völlig falsch: „Es ist ein Ros' entsprungen". Ganz laut, als wär er allein auf der Welt. Und das ist ja wohl auch so, daß viele allein sind, auch am Niederrhein.

Besonders am Heiligen Abend. Ich meine, das geht wieder vorbei. Am ersten Feiertag hat sich das schon wieder gelegt, aber am Heiligen Abend steht viel auf dem Spiel, denn es gibt ja nichts zum Anfassen. Die Gegend ist heilig und nebelig. Wer das liebt, so wie ich, der ist natürlich fein raus. Besonders, wenn ich mit meiner Mutter und Christus in einem Schlitten sitz', und wir fahren und fahren und sagen überall mal rasch: „n' Abend zusammen! Frohe Weihnacht!" Und wir zeigen überall das Kind, obwohl ich nur in der Küche sitze, zum Fenster rausguck' und an früher denke. So gesehen, ist das am Niederrhein alles ganz anders.

Am Heiligen Abend denk' ich immer an früher. An Silvester denk' ich immer voraus, ob wir wohl beim nächsten Mal alle noch zusammen sind. Aber am Heiligen Abend denk' ich an früher, ganz komisch. Es geht dabei immer um Menschen, nicht um Geschenke, sondern wie die Menschen das machten und was man selbst alles tat, wie man vor lauter Aufregung nicht schlafen konnte, wie alles immer näher kam und wie das Geheimnis der Liebe größer wurde als das Geheimnis des Todes und wie mein kleines Leben bereichert wurde durch die Arbeit der anderen.

Später erst, ja eigentlich erst heute, wenn ich mit meiner Mutter und Christus in einem wundersamen Schlitten meine Heimat, das ist meine Kindheit am Niederrhein,

durchkreuze, steht dieser Niederrhein in mir nicht still. Die Toten werden lebendig, und alle Lebenden versammeln sich in meinem Kopf, in meinem Herzen am Heiligen Abend, wo immer ich bin, und alles, was ich bin, ist niederrheinisch. Das heißt: Ich weiß nichts, kann aber alles erklären, und meine Philosophie, das ist die genaue Unkenntnis von allen Dingen.

Ich sitze in der Küche und sehe durchs Fenster alle Christbäume der Welt. Ich muß mich nicht bewegen und fahre doch mit meiner Mutter und Christus in einem Schlitten über die Ebene, die kein Ende nimmt. Ab und zu sehen wir eine schwarzweiße Kuh, eine Windmühle, ein Wasserschloß und eine Kirchturmspitze, aber alles wird immer weniger, niedriger, unauffälliger. Nur der Stern wird größer und größer, heller und heller und schießt immer wieder durch meinen Kopf. Er war immer über mir, saß mir teils im Nacken, teils zwischen den Augen, von Anfang an, von Heiligabend bis Heiligabend bis Heiligabend, als wäre Heiligabend ein Dorf am Niederrhein, zwischen Wachtendonk und Keppeln, wo die Menschen sitzen, wenn sie sitzen, stehen, wenn sie stehen, liegen, wenn sie liegen, so schwer ist oft ihr Herz, und sie können es nicht ausschütten. Auch am Heiligen Abend stehen sie meist verlegen neben dem Baum und sagen: „Da wommer ma de Geschenke auspacken."

Die Gemütsbewegungen am Niederrhein könnten tausend Lokomotiven in Gang setzen, wenn der Niederrheiner sie nicht dauernd versteckte. Aber in seinem Kopf und in seinem Bauch gehen am Heiligen Abend die Pferde durch, und er hört alles und er sieht alles: Wie die Züge am Heiligen Abend immer noch rudelweise durch die Nacht fahren, und es sind wenig Menschen zu sehen, aber eine Menge Schicksal, und Flugzeuge sind auch immer noch in der Luft, und nach Dover soll am Heiligen Abend kein Schiff gehen, das hat der Niederrheiner mal irgendwo gelesen und behält es bis an sein Lebensende, und auch die Politiker machen mal „en Päusken", und man kann wirklich durch alle Häuser sehen, und in Paris ist Notre-Dame völlig ausverkauft.

Und dann fällt dem Niederrheiner ein, daß sein Großvater ihm mal einen Matador-Holzbaukasten geschenkt hat und später einen Stabilbaukasten und eine Dampfmaschine mit Transmissionsriemen und daß einmal nicht gesungen wurde, weil da die Großmutter fehlte, und es gab immer um diese Zeit Spekulatius, auf niederrheinisch Speckelaats, auf Schwarzbrot mit dick Butter. Wunderbar. Und mein kleines Herz war mir immer einen Traum voraus. Während im großen Himmel sich die besten Klavierspieler der Welt Tonarten und harmonische Ziffern zurufen und die besten Philosophen der Welt ihre Weisheit bereuen und sich entschuldigen, sehen die besten Engel der Welt mit unübersehbarer Geduld zu, wie ihre Nachkommen sich bemühen, Einsicht und Großmut zu üben.

Ich hab' immer um diese Zeit das Gefühl, daß alle meine Verwandten da oben im Himmel sitzen und zugucken, um zu sehen, „wat der Jung wohl macht". Ich bin jetzt 68 Jahre alt, aber für die da oben im Himmel bin ich immer noch „de kleine Jung", besonders an Weihnachten. Das ist am Niederrhein so. Und je älter ich werde, desto mehr hab' ich diese kindliche Vorstellung, daß der Himmel eine ganz große Wohnung ist, mit vielen Zimmern und Tischen und Bänken und Stühlen und Fenstern und Gardinen, also wie bei uns zu Hause, und da sitzen sie alle und gucken und warten, bis es dann eines Tages unsereinen auch erwischt.

Und mich beobachten sie am Heiligen Abend ganz besonders, ob ich zugenommen oder abgenommen habe, ob ich gut aussehe oder „kränkskes" bin. In Neukirchen-Vluyn am Niederrhein, wo ich ja mal im dicksten Schneegestöber unsere Weihnachtsgans abgeholt habe und beinahe nicht mehr nach Haus gekommen wäre, da sagt man nicht „de Jung is krank", sondern „de Jung is kränkskes", der hat sich den Magen verdorben von den vielen „Plätzkes" und dem ganzen Marzipankram.

Heiligabend am Niederrhein: Da dreht sich alles um „de Jung un die Dern". Das ist woanders ganz bestimmt genauso, aber ich bin immer noch damit beschäftigt, erwachsen zu werden. Nur in letzter Zeit fällt es mir schwer, da schlägt die Erinnerung um sich, das flache Land wirft sich wie ein Leintuch über mich, und ich frage mich, warum machen wir das alles:

Warum übt man vierhändig die alten Weihnachtslieder?
Warum läßt man eine alte Puppe reparieren?
Warum guckt man durchs Schlüsselloch?
Warum werden im Himmel Plätzchen gebacken?
Damit die kleinen Kinder große Augen machen
Daß ihre Wünsche in Erfüllung gehn
Und wenn sie staunen und verlegen lachen
Dann möchte man am liebsten ganz im Dunklen stehn
Damit die kleinen Kinder große Augen machen
Damit ihr Herz von dieser Welt noch nichts erfährt

Denn wenn sie groß sind, werden viele Sachen
Die sie erträumt, sehr schnell zerstört
Damit die kleinen Mündchen große Dinge sagen
Die Bäckchen sind vor Aufregung ganz heiß
Und wenn sie tausendmal dasselbe fragen:
Woher das Christkind denn das alles weiß
Dann glaubt man wieder an ein Wunder
Und träumt sich selbst ein Stück zurück
Und freut sich wie die kleinen Kinder
Auf diesen großen Augenblick

Im Winter

Schloß Krickenbeck, Akademie der Westdeutschen Landesbank

Der Glabbacher Bruch

Wassermühle in Moers

Karnevalsvergnügen

Rheinaue in Friemersheim

Am Birtener Altrhein

Xantener Altrhein

Graugänse fliegen auf

Ballonfahrt

Eiskalte Rheinfahrt

Naturschutzgebiet Bislicher Insel

Hochwasser überflutet die Wiesen

Spaziergang in der Hetter

In der Kirche Hochelten